MALAYALAM LEARNING MADE EASY

WRITTEN & ILLUSTRATED BY
DR. ABRAHAM THOMAS EETTICKAL
CANBERRA, AUSTRALIA.

LIGHT MALAYALAM LANGUAGE LEARNING SERIES

Learn Malayalam alphabets | Colour IN

ക കാർ car

Ka Kaar

ക

ക

ക

ക

ഖ മുഖം face

Khha Mukhham

ഖ ഖ

ഖ ഖ

ഖ ഖ

ഖ ഖ

Learn Malayalam alphabets | Colour IN

ഗ ഗദ club

Ga Gada

ഗ

ഗ

ഗ

ഗ

Learn Malayalam alphabets | Colour IN

ഘ മേഘം cloud

Kha Mekham

ഘ

ഘ

ഘ

ഘ

Learn Malayalam alphabets | Colour IN

ങ മാങ്ങ mango

Nga Manga

ങ ങ

ങ ങ

ങ ങ

ങ ങ

Learn Malayalam alphabets | Colour IN

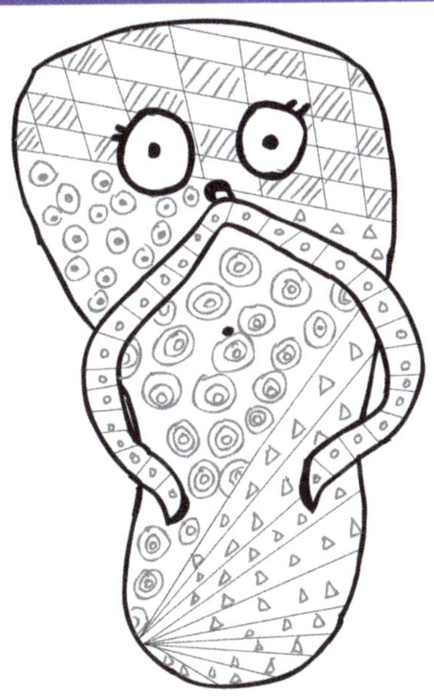

ച ചപ്പൽ thongs

Cha Chappal

ച

ച

ച

ച

ഛ ഛായ likeness

Chha Chhaya

ഛ

ഛ

ഛ

ഛ

ജ ജലം water

Ja Jalam

ജ ജ

ജ ജ

ജ ജ

ജ ജ

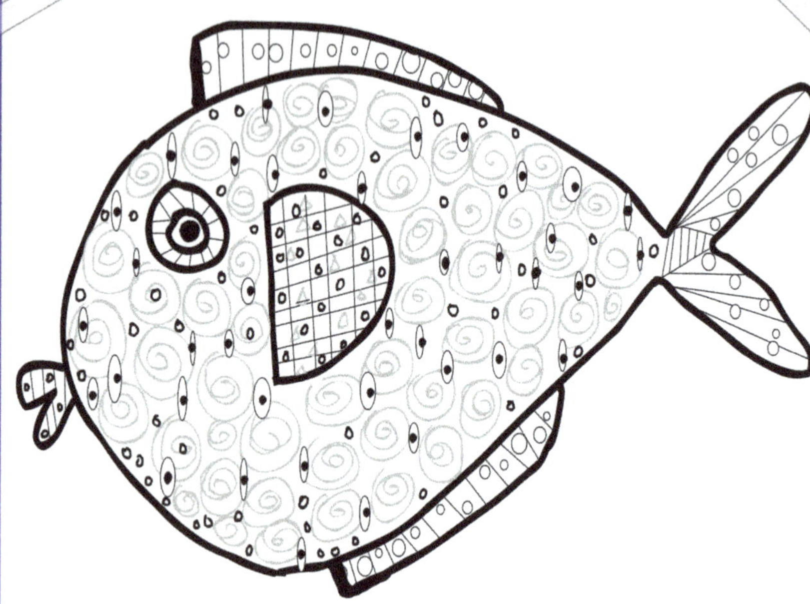

ഝ ഝഷം fish

Jha Jhasham

ഝ

ഝ

ഝ

ഝ

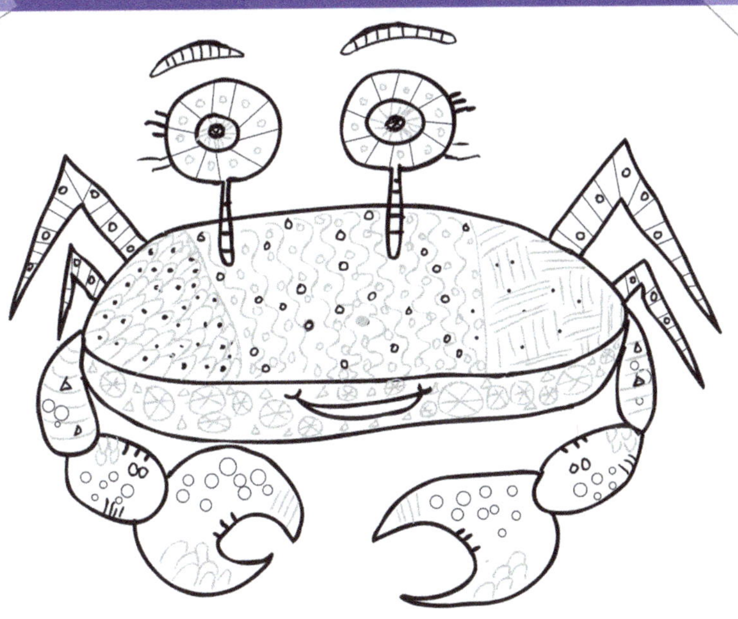

ഞ ഞണ്ട് crab

Nja **Njandu**

ഞ ഞ

ഞ ഞ

ഞ ഞ

ഞ ഞ

light

ട കട shop

da Kada

ട

ട

ട

ട

ഠ പാഠം lesson

Dha Padham

ഠ

ഠ

ഠ

ഠ

ഢ ഢമ്മി dummy

dhha dhhami

ഢ

ഢ

ഢ

ഢ

ഢ വിഢ്ഢി fool

ddha Viddhi

ഢ

ഢ

ഢ

ഢ

Learn Malayalam alphabets | Colour IN

ണ പണം money

Na **Panam**

ണ ണ

ണ ണ

ണ ണ

ണ ണ

ത .... തീ .... fire

Tha .... Thee

ത ത

ത ത

ത ത

ത ത

Learn Malayalam alphabets | Colour IN

ഥ   രഥം   chariot

Thha   Raththam

ഥ

ഥ

ഥ

ഥ

ദ ദയ kindness

da Daya

ദ

ദ

ദ

ദ

Learn Malayalam alphabets | Colour IN

ധ ധാന്യം grain

Dhha Dhhanyam

ധ ധ

ധ ധ

ധ ധ

ധ ധ

Learn Malayalam alphabets | Colour IN

ന നാണയം coin

Na Naanayam

ന

ന

ന

ന

Learn Malayalam alphabets | Colour IN

പ പൂച്ച cat

Pa Poocha

പ

പ

പ

പ

ഫ ഫാൻ fan

Pha Phan

ഫ

ഫ

ഫ

ഫ

ബ ബക്കറ്റ് bucket

Ba Bakattu

ബ

ബ

ബ

ബ

ഭ ഭയം fear

Bha Bhayam

ഭ

ഭ

മ മുയൽ bunny

Ma Muyal

മ

മ

മ

മ

യ നായ dog

Ya Naya

യ

യ

യ

യ

Learn Malayalam alphabets | Colour IN

ര രാജാവ് king

Ra Rajavu

ര

ര

ര

ര

Learn Malayalam alphabets | Colour IN

ല ചിലന്തി spider

La Chilanti

ല

ല

ല

ല

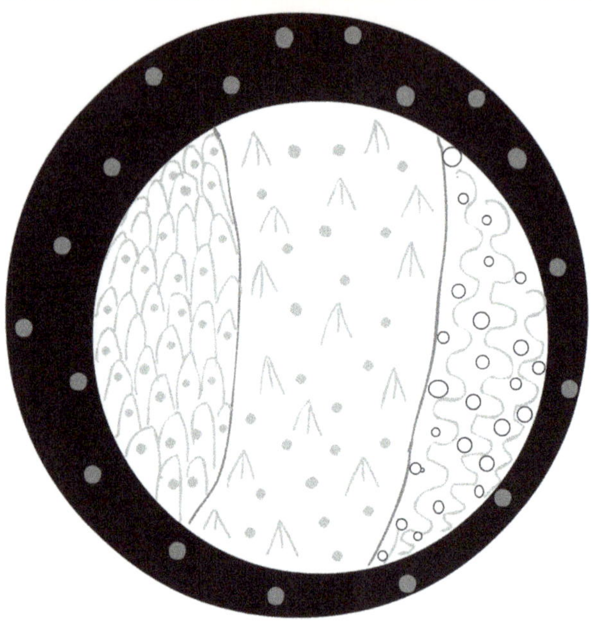

വ വളയം ring

Va Valayalm

വ

വ

ശ ശരി correct

Sha Shari

ശ

ശ

ശ

ശ

Learn Malayalam alphabets | Colour IN

ഷ വേഷം dress

Shha Veshham

ഷ ഷ

ഷ ഷ

ഷ ഷ

ഷ ഷ

സ സിംഹം lion

Sa **Simham**

സ

സ

സ

സ

Learn Malayalam alphabets | Colour IN

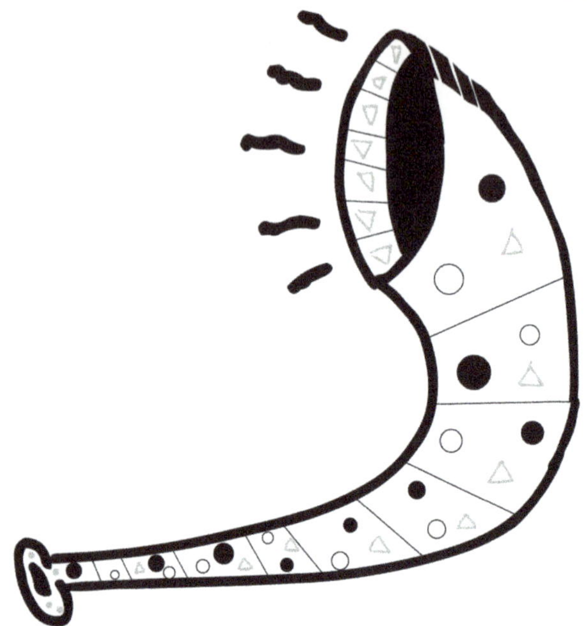

ഹ കാഹളം trumpet

Ha Kahalam

ഹ

ഹ

ഹ

ഹ

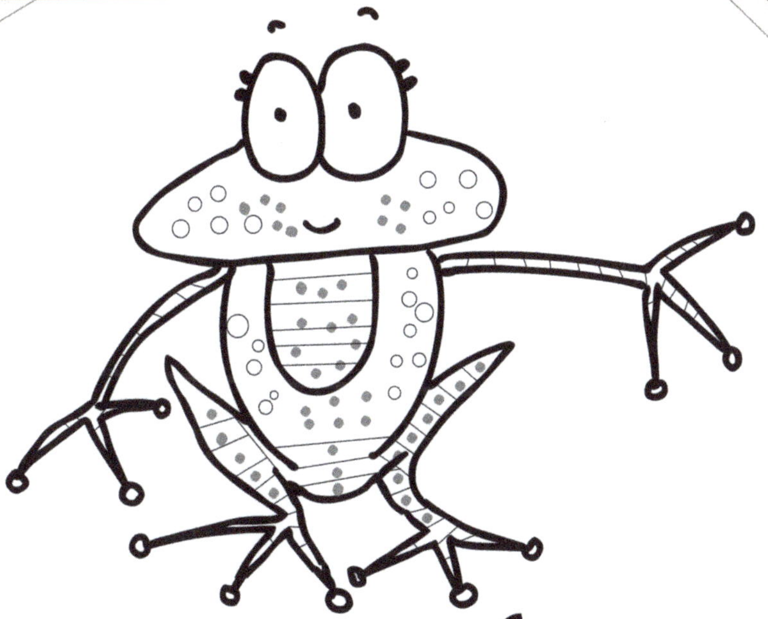

ള തവള frog

La Thavala

ള

ള

ള

ള

Learn Malayalam alphabets | Colour IN

ഴ പെരുച്ചാഴി rat

Yza Peruchazhi

ഴ

ഴ

ഴ

ഴ

റ റയിൻബോ rainbow

Ra Rainbow

റ

റ

റ

റ

light

LIGHT MALAYALAM LANGUAGE LEARNING SERIES

പ ഫ ബ ഭ മ

യ ര ല വ ശ

ഷ സ ഹ ള ഴ

റ

LIGHT MALAYALAM LANGUAGE LEARNING SERIES

DEDICATED TO NEVA & AIDEN

MALAYALAM LEARNING MADE EASY

KIDS MALAYALAM LANGUAGE LEARNING SERIES

DR. ABRAHAM THOMAS EETTICKAL, ACT, AUSTRALIA.

LIGHT AUSTRALIA INDIA PUBLICATIONS

ABN: 97813360788

ISBN 978-1-63732-478-3

DESIGN & LAYOUT: FACEBOOK.COM/GRAFIXO

PRINTED & PUBLISHED BY LIGHT AUSTRALIA.

www.ingramcontent.com/pod-product-compliance
Ingram Content Group UK Ltd.
Pitfield, Milton Keynes, MK11 3LW, UK
UKHW062257290726
14090UKWH00017B/748